CATALOGUE

DES

TABLEAUX

MODERNES & ANCIENS

AQUARELLES ET DESSINS

DÉPENDANT EN PARTIE DE LA SUCCESSION DE M. J. VENTADOUR, ARTISTE-PEINTRE

ET DONT LA VENTE AURA LIEU

HOTEL DROUOT, SALLE N° 1,

Le Samedi 11 Avril 1874

A DEUX HEURES.

Par le ministère de Me **CHARLES PILLET**, Commissaire-Priseur,
10, rue de la Grange-Batelière ;

Assisté de **M. FÉRAL**, Peintre-Expert, 23, rue de Buffault,

Chez lesquels se trouve le présent Catalogue.

EXPOSITION PUBLIQUE : Le Vendredi 10 Avril 1874,

De une heure à cinq heures.

CONDITIONS DE LA VENTE

Elle sera faite au comptant.

Les acquéreurs payeront, en sus des adjudications, *cinq pour cent* applicables aux frais.

PARIS. — Imprimerie PILLET FILS AÎNÉ, rue des Grands-Augustins, 5.

DÉSIGNATION

ACCARD (EUGÈNE.)

1 — La Reprise.

Bois. Signé en toutes lettres.

ALIGNY (C. F. TH. CARUELLE D')

2 — Paysage.

Dessin. Signé en toutes lettres et daté **1847**.

BARBÉ (JULES)

3 — Noël.

Toile. Signée en toutes lettres.

4 — Cuisine, nature morte.

Toile. Signée en toutes lettres.

BIN (E.)

5 — *Minerva musica*, figure du plafond du théâtre de Reims.

Dessin. Signé et daté 1873.

BOMBLED (CH.)

6 — Au Bois.

Toile. Signée en toutes lettres.

BONNAT (L.-J.-F.)

7 — Etude.

Toile. Signée.

BONVIN (F.)

8 — Un Fumeur.

Aquarelle. Signée en toutes lettres et datée 1859.

BOULANGER (GUSTAVE)

9 — Le Char, étude à la sanguine.

Signée en toutes lettres.

10 — Arabes, étude à la sanguine.

Signée en toutes lettres.

BOUDIN (EUGÈNE)

11 — Plage de Trouville.

Bois. Signé en toutes lettres et daté 1870.

12 — A Trouville.

Bois. Signé en toutes lettres et daté 70.

BOULANGER (LOUIS)

13 — La Vierge, l'enfant Jésus et saint Jean-Baptiste.

Dessin à la plume. Signé en toutes lettres.

BROWN (JOHN-LEWIS)

14 — Une Vedette.

Aquarelle. Signée en toutes lettres et datée 73.

CHAM

15 — « Ah Madame ! que j'entende seulement le son de votre voix !

— Eh bien, Monsieur ! j'ai faim. »

Aquarelle. Signée deux fois en toutes lettres.

CHARLET (NICOLAS-TOUSSAINT)

16 — La Sieste.

Toile. Signée en toutes lettres.

COMPTE-CALIX (G.)

17 — La Lettre.

Aquarelle. Signée en toutes lettres.

CORMON (F.)

18 — Au Sérail.

Toile. Signée en toutes lettres et datée 73.

COROT (CAMILLE)

19 — Le Grand arbre.

Toile. Signée en toutes lettres.

COUSIN (v.)

20 — Vase de fleurs.

Toile. Signée en toutes lettres.

DAUZATS (ADRIEN)

21 — Une rue de Rouen,

Aquarelle. Signée en toutes lettres et datée 1829.

DELAMARRE (HENRY)

22 — Champ de courses.

Dessin rehaussé d'aquarelle. Signé en toutes lettres.

DEVILLERS

23 — Paysage.

Toile. Signée.

DIÉTERLE (J.)

24 — Bateau de pêcheur.

Toile. Signée des initiales.

24 *bis.* — Falaise au Tréport.

Aquarelle. Signée en toutes lettres.

DUPRÉ (VICTOR)

25 — Les Bûcherons.

Aquarelle. Signée en toutes lettres et datée 1845.

FEYEN-PERRIN

26 — Une baie de l'île de Batz (Finistère),

Bois. Signé en toutes lettres.

GÉRICAULT (J. L. A TH.)

27 — Contrebandier.

Aquarelle.

GÉROME (J -L.)

28 — Égyptienne.

Dessin à la sanguine. Signé en toutes lettres.

GIOJA

29 — Un Manolo.

Aquarelle.

GIRAUD (EUGÈNE)

30 — Mauresque et son enfant.

Aquarelle. Signée en toutes lettres.

VAN GOYEN (JEAN)

31 — Rentrée des foins.

Toile. Signée en toutes lettres et datée 1634.
Cadre ancien en bois sculpté.

HENRIQUEL (DUPONT)

32 — Jeune fille.

> Dessin rehaussé. Signé en toutes lettres.

HERMANN-LÉON (CHARLES)

33 — Le Guitariste.

> Toile. Signée en toutes lettres.

34 — Un peu, beaucoup, tendrement..... pas du tout !

> Toile. Signée en toutes lettres et datée 66.

HEULLANT (A.)

35 — Japonaise cueillant des fruits.

> Peinture sur carton. Signée en toutes lettres.

HOSTEIN (ÉDOUARD)

36 — Intérieur d'un parc.

> Dessin rehaussé. Signé en toutes lettres et daté 1847.

HUGUET (v.)

37 — Camp arabe.

Bois. Signé en toutes lettres.

JOHANNOT (TONY)

38 — Heureuse mère !

Dessin. Signé en toutes lettres et daté 1852.

LAMI (EUGÈNE)

39 — Aquarelle d'après un portrait de Sir Joshua Reynolds.

Signée en toutes lettres.

39 *bis.* — Sous Louis XIII.

Aquarelle. Signée en toutes lettres.

LEFÈVRE (AD. R.)

40 — La Lettre.

Bois. Signé et daté 1866

41 — Le Baiser.

Bois. Signé en toutes lettres.

LEHMANN (HENRI)

42 — Étude à la sanguine.

Signée en toutes lettres et datée 1845.

LEROUX (CHARLES)

43 — Paysage.

Bois. Signé en toutes lettres.

LÉVY (ÉMILE)

44 — La Chasse.

Toile. Signée en toutes lettres et datée 73.

MARTIN (EUGÈNE)

45 — Les Tourterelles.

Toile. Signée en toutes lettres.

MONGINOT (c.)

46 — Le Leçon de lecture.

Dessin. Signé en toutes lettres.

MOULIGNON (LÉOPOLD DE)

47 — La Petite bouquetière.

Aquarelle. Signée en toutes lettres.

NANTEUIL (CÉLESTIN)

48 — Le Torrent.

Fusain. Signé en toutes lettres et daté 59.

NOEL (JULES)

49 — Marine.

Toile. Signée en toutes lettres et datée 1868.

.PATERNOSTRE (L.)

50 — Cuirassier de la garde.

Toile. Signée en toutes lettres.

PETIT (e.)

51 — Bouquet de roses.

Toile. Signée en toutes lettres.

PILLE (h.)

52 — Sous Louis XIII.

Dessin. Signé.

PILS (i. a. a.)

53 — Artilleurs.

Aquarelle. Signée en toutes lettres et datée 1873.

ROUSSEAU (philippe)

54 — Le Singe.

Aquarelle. Signée des initiales.

LE ROUX (eugène)

55 — Une servante sous Louis XV.

Toile. Signée en toutes lettres.

RUBÉ (A.)

56 — Maquette du décor du 4ᵉ acte de Jean de
Thomeray.

Toile. Signée en toutes tettres.

VAN SCHONBERGH (c.)

57 — Nature morte.

Bois. Signé en toutes lettres.

SERGENT (L.)

58 — Le Prisonnier bavarois.

Toile. Signée en toutes lettres et datée 73.

TARAVAL (THOMAS-RAPHAEL)

59 — Portrait de l'artiste.

Toile.

Cadre ancien en bois sculpté.

TASSAERT (OCTAVE)

60 — Désespoir.

> Toile. Réduction de son tableau du Musée du Luxembourg.

THIBAULT (M.)

61 — Pêches et framboises.

> Bois. Signé en toutes lettres.

TRIQUETI (H. de)

62 — Heureux jours.

> Dessin rehaussé. Signé en toutes lettres et daté 1847.

VÉRON (A. R.)

63 — Bords de la Seine.

> Toile. Signée en toutes lettres et datée 1873.

VENTADOUR (J.)

64 — Marche aux flambeaux, cavalerie autrichienne.

> Toile. Signée en toutes lettres et datée 1855.

65 — Vase de fleurs.

Copie d'un panneau décoratif de Baptiste Monnoyer et Van der Meulen, appartenant à la manufacture nationale des Gobelins.

66 — Harnais de pierre.

Toile. Signée en toutes lettres.

67 — Un héron.

Toile. Signée en toutes lettres.

68 — Un lièvre.

Toile. Signée en toutes lettres.

69 — Chantier de construction, harnais de pierre.

Dessin. Signé en toutes lettres.

70 — Même sujet.

Dessin. Signé et daté 1865.

71 — Même sujet.

Dessin. Signé et daté 1865.

VOILLEMOT (CH.)

72 — Les Papillons.

> Dessin. Signé en toutes lettres et daté 1859.

WILLEMS (FLORENT)

73 — Les Adieux.

> Dessin. Signé en toutes lettres.

WINTERHALTER (F.)

74 — Italienne.

> Aquarelle. Signée en toutes lettres.

WORMS (JULES)

75 — Dessin.

> Signé.

YVON (ADOLPHE)

76 — L'Assaut.

> Étude pour le tableau de la Prise de Malakoff du Musée de Versailles.
>
> Toile. Signée en toutes lettres.

77 — Le Drapeau.

Étude pour le même tableau.
Toile. Signée en toutes lettres.

78 — Marchand arabe.

Dessin. Signé en toutes lettres.

79 — Arabes.

Dessin. Signé en toutes lettres.

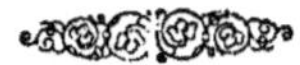